DS-Taschentrainer Deutsch 6. Klasse

von Stefanie Kruscha

PONS GmbH
Stuttgart

PONS
DS-Taschentrainer
Deutsch 6. Klasse

von Stefanie Kruscha

Dieses Werk basiert in Teilen auf ISBN: 978-3-12-561590-8

Auflage A1 5 4 3 2 1 / 2014 2013 2012 2011

© PONS GmbH, Rotebühlstraße 77, 70178 Stuttgart, 2011
PONS Produktinfos und Shop: www.pons.de
PONS Sprachenportal: www.pons.eu
E-Mail: info@pons.de
Alle Rechte vorbehalten.

Redaktion: Canan Özdamar
Logoentwurf: Erwin Poell, Heidelberg
Logoüberarbeitung: Sabine Redlin, Ludwigsburg
Einbandgestaltung: Sascha Bernlöhr, büro für visuelle gestaltung, Esslingen
Layout: Sascha Bernlöhr, büro für visuelle gestaltung, Esslingen
Satz: Digraf.pl — dtp services
Druck und Bindung: Print Consult GmbH, Oettingenstraße 23, München

Printed in Czech Republic.
ISBN: 978-3-12-561763-6

So benutzt du dieses Buch

Mit dem **PONS DS-Taschentrainer Deutsch 6. Klasse hast du den blitzschnellen Wissens-Check für zwischendurch und kannst alle wichtigen Themen des Deutschunterrichts immer und überall auffrischen und trainieren.**

Das Inhaltsverzeichnis liefert dir einen Überblick über die einzelnen Themen. Hier kannst du gezielt die Themen aussuchen, in denen du fit werden willst.

Zu jedem Thema findest du eine Doppelseite: auf der unteren Seite kannst du ein Thema üben und trainieren – auf der oberen Seite findest du die dazugehörige Regel oder einen Tipp und die Lösung.

Decke die obere Seite immer mit der Umschlagklappe ab und versuche die Übung zunächst allein zu lösen. Brauchst du Hilfe? Dann schau auf der oberen Seite nach.

So wirst du bald topfit in Deutsch – viel Spaß!

Inhalt

GRAMMATIK

Rechtschreibung

Wortarten

Wörter sind überall: ob in einem Rapsong oder im Schulbuch – du begegnest ihnen jeden Tag. Es gibt unzählige Wörter in jeder Sprache. Damit du nicht den Überblick verlierst, sind sie in **Wortarten** eingeteilt.

Wortart	Was wird bezeichnet?	Beispiele
Nomen	Dinge, Gefühle, Begriffe	***Haus, Katze, Wut***
Verb	Handlung, Vorgang, Zustand	***schwimmen, wachsen, sein***
Adjektiv	Eigenschaft eines Substantivs	***groß, rot, erwachsen***
Adverb	Umstand: Ort, Zeit, Art und Weise	***dort, nie, gern, darum***
Pronomen	vertritt ein Substantiv	***ich, mein, sich***
Präposition	benennt Verhältnisse	***auf, außer, seit***
Konjunktion	verbindet Wörter, Sätze	***und, oder, aber, indem***

Lösung: 1. lachen, 2. blau, 3. aber, 4. tanzen

ÜBUNG 1

Hier hat sich jeweils eine falsche Wortart dazwischen geschummelt. Welches Wort passt nicht in die Reihe? Streiche es durch.

1. NOMEN:	Hip-Hop Pferd Fußball lachen Klassenzimmer
2. VERB:	malen denken fahren blau lachen ankommen
3. ADJEKTIV:	schön aber groß bunt lustig geheim
4. ADVERB:	schnell laut gut langsam tanzen

Das Verb

Zu den wichtigsten Wortarten gehören die **Verben**. Ein Verb ist ein Wort, das eine **Tätigkeit**, einen **Vorgang** oder einen **Zustand beschreibt**:

> ***Lena singt. Was tut Lena?***
> **→ *Sie singt.***

Als Prädikat erklärt dir das Verb, **was passiert**. Sätze ohne Verben kann es deshalb nicht geben. Jeder vollständige Satz muss ein Verb enthalten. Manche Sätze enthalten sogar mehrere Verben: *Lena* ***will singen***.

Lösung: 1. verstecken, 2. einkaufen, 3. reiten, 4. backen;
Das Lösungswort lautet: Verb

ÜBUNG 2

Welche Verben sind hier gesucht? Die vier ersten Buchstaben ergeben das Lösungswort. Wie heißt es?

Sich hinter etwas verbergen

Lebensmittel im Laden besorgen

Sich auf einem Pferd fortbewegen

Kuchen oder Brot herstellen

Lösungswort:

Der Infinitiv – die Grundform des Verbs

Im Wörterbuch findest du das Verb immer in seiner Grundform. Diese nennt man auch **Infinitiv**. Der Infinitiv gehört zu den wenigen Verbformen, die immer gleich aussehen. Das heißt, er hat immer die gleiche Endung und den gleichen Stamm.

Ich gehe schlafen.
Lass mich schlafen!
Was tust du am liebsten? Schlafen.

Die meisten anderen Formen des Verbs sind dagegen veränderbar. Veränderbare Verbformen nennt man auch **finite** Formen, unveränderbare heißen **infinite** Formen.

Lösung: winken, kommen, spielen, kaufen, schneiden

ÜBUNG 3

In diesem Stapel stecken 5 Infinitive. Kannst du sie finden? Unterstreiche sie.

winken
tanzt
kommen
spielen
lachten
braucht
ging
tranken
kaufen
grüssten
schneiden
füllt
schliefen

Verben konjugieren – Präsens

Achtung: Verben sind echte Verwandlungskünstler. Sie verändern ständig ihr Aussehen. Diese Veränderung heißt **Konjugation**. Indem sie konjugiert werden, geben dir die finiten Verben wertvolle Hinweise. Anhand der Endung eines Verbs kannst du **Numerus** (Singular/Plural) und **Person** erkennen. Man sagt deshalb auch, dass konjugierte Verben in der **Personalform** stehen.

Schau dir nun an, wie manche Verben im **Präsens** (Gegenwart) konjugiert werden.

1. Person Singular	2. Person Singular	3. Person Singular	1. Person Plural	2. Person Plural	3. Person Plural
ich singe	*du singst*	*er/sie/es singt*	*wir singen*	*ihr singt*	*sie singen*
ich schlafe	*du schläfst*	*er/sie es schläft*	*wir schlafen*	*ihr schlaft*	*sie schlafen*

Lösung: 1. verraten, 2. ist, 3. wissen, 4. musst, 5. lösen, 6. treffen, 7. ist

ÜBUNG 4

GRAMMATIK

Willst du erfahren, was in dem geheimen Brief steht?
Dann setze die passenden Verben im Infinitiv oder der richtigen Personalform im Präsens ein.

ist wissen lösen ist verraten treffen musst

Hallo Mathilda,
Leon hat mir ein Geheimnis 1 ______________.
Er 2 ______________ total verknallt. Willst du
3 ______________ in wen? Dann 4 ______________ du
dieses Rätsel 5 ______________. Wir 6 ______________
uns am Montag in der Pause vor dem Schultor.
Psst: Er 7 ______________ in dich verliebt!
Deine Lena

Verben konjugieren – Präteritum

Verben gibt es in vielen verschiedenen Zeiten. Das kann auf den ersten Blick verwirrend wirken. Aber keine Sorge: Das Verb sorgt dafür, dass du nicht durcheinander kommst. Zu diesem Zweck hat es sich einige Tricks ausgedacht.

Damit du das **Präsens** und das **Präteritum** (1. Vergangenheit) nicht verwechselst, ändert es einfach die Form.
Das kann durch eine **neue Endung** geschehen (**schwache Verben**):

ich wohne – ich wohnte ***ich kaufe – ich kaufte***

Oder aber der **Stamm** wird geändert (**starke Verben**):

ich singe – ich sang ***ich gehe – ich ging***

Lösung: 1.trat, 4.galoppierte, 5.hielt ... an, 7.ritt

ÜBUNG 5

GRAMMATIK

Richtig oder falsch? Kreuze die falschen **Präteritumformen** an und schreibe die korrekte Form in die Lücke.

RICHTIG	FALSCH	
☐	☐	**1.** Häuptling Adlerfeder **tretete** aus seinem Zelt. (treten – ________)
☐	☐	**2.** „Was für ein schöner Morgen“, **sagte** er. (sagen – ________)
☐	☐	**3.** Er **schwang** sich auf sein Pferd. (schwingen – ________)
☐	☐	**4.** Dann **galupp** er davon. (galoppieren – ________)
☐	☐	**5.** Wenige Meter später **hult** er **an**. (anhalten – ________)
☐	☐	**6.** „Verflixt, ich habe die Pfeile vergessen!“, **rief** er. (rufen – ________)
☐	☐	**7.** Schnell **reitete** er zurück. (reiten – ________)

Hilfsverben

Manche Zeitformen kannst du nicht mithilfe von Endungen oder Stammveränderungen bilden. Aber dafür hat das Verb einen schlauen Trick parat. Es holt sich einfach ein zweites Verb zu Hilfe – das so genannte **Hilfsverb**. Gemeinsam mit dem ursprünglichen Verb (Vollverb) sorgt das Hilfsverb dafür, dass du Zeitformen wie z.B. das Perfekt, das Plusquamperfekt oder das Futur bilden kannst. Hilfsverben sind ***haben***, ***sein*** und ***werden***. Sie werden konjugiert. Das Vollverb steht im Infinitiv oder als Partizip II da.

Präsens	***ich lese***	***ich gehe***
Präteritum	***ich las***	***ich ging***
Perfekt	***ich habe gelesen***	***ich bin gegangen***
Plusquamperfekt	***ich hatte gelesen***	***ich war gegangen***
Futur	***ich werde lesen***	***ich werde gehen***

Lösung: 1. hatte, 2. War, 3. hatte, 4. werde, 5. werde, 6. habe

ÜBUNG 6

Hilfe! Bei den Vampiren sind die Hilfsverben verrutscht.
Kannst du sie wieder an die richtige Stelle setzen?

Rebecca erstarrte: Jemand 1 **werde** den Sarg geöffnet! 2 **Hatte** das womöglich Edward gewesen? Warum 3 **war** er das getan? Was nun? Ich 4 **hatte** wegrennen, dachte sie. Und morgen 5 **habe** ich nicht zur Schule gehen. Das ist die einzige Lösung. Dann 6 **werde** ich meine Hausaufgaben umsonst gemacht. Aber das ist jetzt auch egal.

1 ________ **2** ________ **3** ________

4 ________ **5** ________ **6** ________

Modalverben

Auch in einem weiteren Fall treten Verben als Paar auf. Dann nämlich, wenn sie dir beschreiben wollen, welche **Einstellung** jemand zu einer Tätigkeit hat. **Willst** du ein Eis essen? Oder **musst** du ein Eis essen? Das verrät dir das **Modalverb**.

Im Deutschen gibt es fünf Modalverben. Sie heißen: ***können***, ***müssen***, ***sollen***, ***dürfen*** und ***wollen***.

Wie die Hilfsverben werden auch die Modalverben konjugiert. Das Vollverb steht im Infinitiv. Schau dir folgende Beispiele dazu an.

Ich darf heute leider nicht kommen. Ich soll meine Hausaufgaben machen.
Wir wollten schon fahren, aber wir mussten noch auf Lisa warten.

Lösung: 3 müssen

ÜBUNG 7

Welches Hilfsverb ist hier richtig? 7 wollen 8 können oder 3 müssen?

Hunde ________ auf dem Spielplatz an der Leine gehen.

Trage die Zahl des Lösungswortes anstelle des ✹ ein und löse das Sudoku.

2			1
	4	✹	
	2	1	
✹			4

Verben – Aktiv & Passiv

Vielleicht hast du im Fernsehen schon mal einen Krimi gesehen. Dort gibt es immer einen Täter und ein Opfer: Jemand stiehlt das Geld, und jemand wird bestohlen.

So ähnlich funktioniert das Verb. Wie in einem Fernseh-Krimi kann es entweder beschreiben, was jemand oder etwas tut (**aktiv**):

Der Dieb stiehlt die Handtasche.

oder es beschreibt, was mit jemandem oder etwas getan wird (**passiv**):

Die Handtasche wird (vom Dieb) gestohlen.

Das Passiv wird mit dem Hilfsverb **werden** gebildet. Das Vollverb steht als Partizip II da. Dabei wird das Objekt des Aktivsatzes (hier: *Handtasche*) zum Subjekt des Passivsatzes.

Lösung: 1. aktiv, 2. passiv, 3. aktiv, 4. passiv, 5. passiv, 6. aktiv, 7. passiv, 8. aktiv

ÜBUNG 8

Aktiv oder **passiv**? Kreuze die richtige Lösung an.

AKTIV	PASSIV	
☐	☐	**1.** Der Dieb öffnete leise die Tür.
☐	☐	**2.** Leise wurde die Tür geöffnet.
☐	☐	**3.** Der Dieb griff nach der Diamantkette.
☐	☐	**4.** Die Diamantkette wurde gestohlen.
☐	☐	**5.** Fingerabdrücke werden von der Polizei registriert.
☐	☐	**6.** Die Polizei registriert Fingerabdrücke.
☐	☐	**7.** Der Dieb wurde gefasst.
☐	☐	**8.** Die Polizei fasste den Dieb.

Personalpronomen

Neben den Verben sind Nomen die wichtigste Wortart. In jedem Satz muss es mindestens eins davon geben. Die vielen Nomen können aber leicht langweilig werden: ***Sven stand auf, Sven zog sich an und dann ging Sven zur Schule*** usw. Um zu vermeiden, dass du vor Langeweile vom Stuhl fällst, wurden die **Pronomen** erfunden.
Pronomen sind Stellvertreter, du kannst sie also **statt** des Nomens verwenden, um für mehr Abwechslung zu sorgen. Schau dir nun die Personalpronomen an.

Person / Kasus	1. Person Singular	2. Person Singular	3. Person Singular	1. Person Plural	2. Person Plural	3. Person Plural
Nominativ	*ich*	*du*	*er/sie/es*	*wir*	*ihr*	*sie/Sie*
Akkusativ	*mich*	*dich*	*ihn/sie/es*	*uns*	*euch*	*sie/Sie*
Dativ	*mir*	*dir*	*ihm/ihr/ihm*	*uns*	*euch*	*ihnen/Ihnen*
Genitiv	*meiner*	*deiner*	*seiner/ihrer/seiner*	*unser*	*euer*	*ihrer/Ihrer*

Lösung: 1. Sie, 2. sie, 3. sie, 4. er, 5. ihn, 6. ihre, 7. ihn

ÜBUNG 9

Immer dasselbe! Mach den Text spannender indem du die passenden **Personalpronomen** über den fett markierten Wörtern einsetzt.

ihn | sie | er | ihre | sie | ihn | Sie

Tim und Lukas gehen in den Park. 1 **Tim und Lukas** wollen dort Fußball spielen. Als Tim und Lukas am Spielfeld ankommen, können 2 **Tim und Lukas** es kaum fassen: Der neue Abwehrspieler ist ein Mädchen! „Ich heiße Maja", sagt 3 **Maja**. Lukas sieht Maja an und wird ganz rot im Gesicht. „Wo ist der Ball", fragt 4 **Lukas** hastig. „Ich habe 5 **den Ball** doch eben noch gesehen." Maja lacht und streicht sich 6 **Majas Haare** aus dem Gesicht. „Du hältst 7 **den Ball** doch in der Hand!" Tim grinst.

Indefinitpronomen

Kennst du das? Du öffnest die Kühlschranktür und deine Schokolade ist weg. Jemand hat sie gestohlen. Aber wer? Das weißt du nicht. Trotzdem kannst du über diese Person sprechen, indem du sie einfach **jemand** nennst.

Wörter wie ***jemand***, ***niemand***, ***etwas***, ***nichts***, ***keiner***, ***alle*** sind eine sehr praktische Erfindung. Diese so genannten **Indefinitpronomen** kannst du benutzen, wenn du über etwas sprichst, das du gar nicht genau kennst.

Lisa schrie: „Schon wieder hat jemand meine Schokolade gegessen!“
Bella rannte durch das Geisterhaus. Plötzlich streifte etwas ihre Wange.

Lösung: 1D, 2B oder C, 3B oder C, 4A

ÜBUNG 10

Hast du schon mal einen Geist gesehen? Nein? Das macht nichts! Du kannst trotzdem eine ganze Menge über Geister erzählen. Setze die folgenden **Indefinitpronomen** in den Text ein.

A nichts **B** keiner **C** niemand **D** jemand

Ein Geist ist 1 _____, der schon längst gestorben ist. 2 _____ besitzt ein Foto von einem Geist. 3 _____ kann einen Geist berühren. Selbst wenn ein Geist direkt vor dir sitzt, siehst du 4 _____.

Relativpronomen

Auch ***der***, ***die***, ***das***; ***welcher***, ***welche***, ***welches*** sind Pronomen. Man nennt sie **Relativpronomen**, weil sie nur in Relativsätzen vorkommen. Du erinnerst dich bestimmt: Relativsätze sind Nebensätze, die vom Hauptsatz durch ein Komma abgetrennt werden.

Am Anfang eines solchen Relativsatzes steht das **Relativpronomen**. Es zeigt dir, auf welches Wort im Hauptsatz sich der Relativsatz bezieht.

Ich sah das alte Pferd, das/welches dem Häuptling gehörte.
Wer dem Häuptling eine Adlerfeder bringt, der wird von ihm zum Krieger ernannt.

Lösung: 1D, 2A, 3E, 4B, 5F, 6C

ÜBUNG 11

Chaos im Wilden Westen! Alles ist durcheinander. Kannst du die Hauptsätze mit den richtigen **Relativsätzen** verbinden?

1. Wer die Bar betritt,	**A** das dem Häuptling gehörte.
2. Joe hatte das Pferd gestohlen,	**B** die zum Himmel aufstiegen.
3. Er sah den Marterpfahl,	**C** der trägt eine Adlerfeder.
4. Sie beobachteten Rauchzeichen,	**D** der darf keine Waffe tragen.
5. Er zückte die Pistole,	**E** welcher den Sioux gehörte.
6. Wer Krieger ist,	**F** die Jim ihm gegeben hatte.

Demonstrativpronomen

Demonstrativpronomen helfen dir, wenn du etwas betonen willst. Ein Demonstrativpronomen funktioniert so, als würdest du mit dem Finger auf jemand zeigen. Nur dass du eben nicht den Finger, sondern bestimmte Wörter benutzt.

> ***Ist das dein neuer Freund? Den habe ich noch nie gesehen.***
> ***Dieser Mann hat meine Tasche geklaut.***

Demonstrativpronomen sind: ***der, die, das; dieser, diese, dieses; jener, jene, jenes; derjenige, diejenige, dasjenige; derselbe, dieselbe, dasselbe.***

Lösung: Es ist **jene** = Lotta

ÜBUNG 12

Der Vater von Julias Freundin Lotta hat drei Töchter:

Danny Meike ?

Wer ist die dritte Tochter? Löse das Rätsel:

Ist es die, diese oder jene ?

Reflexivpronomen

Das **Reflexivpronomen** taucht immer **nach** dem Subjekt auf und bezieht sich auf dieses zurück. Somit ist das, was du mit dem **Reflexivpronomen** bezeichnest also identisch mit dem Subjekt.

***Ich* freue *mich*.** ***Die Katze* putzt *sich*.**

Lösung: 1. Ich, 2. dich, 3. sich, 4. uns, 5. Ihr, 6. sich

ÜBUNG 13

Jemand hat hier versehentlich einige **Subjekte** und **Reflexivpronomen** verwischt. Setze sie wieder ein.

	Subjekt	Prädikat	Reflexivpronomen
1	________	wasche	mich.
2	Du	freust	________.
3	Der Vogel	putzt	________.
4	Wir	freuen	________.
5	________	wascht	euch.
6	Sie	schämen	________.

Reflexive Verben

Achtung: Reflexivpronomen tauchen immer gemeinsam mit einem Verb auf (***sich*** *waschen*). Es gibt **echte** und **unechte reflexive Verben**.

Echte reflexive Verben erkennst du daran, dass du

- das Reflexivpronomen **nicht weglassen** kannst:
  ~~***Luca schämt***~~***.*** → ***Luca schämt sich.***
- das Reflexivpronomen nicht durch ein anderes Pronomen oder Nomen ersetzen kannst: → ***Luca schämt*** ~~***ihn/Lisa***~~***.***
- nicht nach dem Reflexivpronomen fragen kannst: ~~***Wen***~~ ***schämt schämt Luca?***

Es gibt aber auch sogenannte **unechte reflexive Verben**. Diese kannst du **reflexiv oder nicht reflexiv verwenden.** Vergleiche:

Reflexiv verwendetes Verb: ***Luca wäscht sich.***

Nicht reflexiv verwendetes Verb: ***Luca wäscht den Hund.***

Lösung: 1. richtig, 2. richtig, 3. richtig, 4. falsch, 5. richtig, 6. richtig, 7. falsch, 8. falsch

ÜBUNG 14

Die neuen Superstars geben gleich ihr erstes Konzert. Alle sind ganz nervös, und in der Umkleide geht einiges durcheinander.
Welche Sätze sind falsch? Welche sind richtig? Kreuze an.

RICHTIG	FALSCH	
☐	☐	**1.** Lisa kämmt sich die Haare.
☐	☐	**2.** Anna kämmt Lucy die Haare.
☐	☐	**3.** Lucy konzentriert sich.
☐	☐	**4.** Anna konzentriert Lucy.
☐	☐	**5.** Lucy ärgert sich.
☐	☐	**6.** Lucy ärgert Anna.
☐	☐	**7.** Lucy verbeugt sich.
☐	☐	**8.** Anna verbeugt Lisa.

Präpositionen I

Eine weitere Wortart sind die **Präpositionen**. Diese kleinen Wörter erklären dir, **in welchem Verhältnis** Dinge, Personen und Vorgänge zueinander stehen.

Liegt die Gabel **auf** dem Tisch, **neben** dem Tisch oder **unter** dem Tisch? Das verrät dir die Präposition. Neben den **örtlichen** Angaben können Präpositionen dir auch mehr über folgende Verhältnisse erklären: **Zeit, Grund, Art & Weise.**

Ort (lokale Präpositionen)	**Zeit** (temporale Präpositionen)	**Grund** (kausale Präpositionen)	**Art & Weise** (modale Präpositionen)
in, an, auf, neben, über	**seit, nach, vor, während, bis**	**wegen, trotz, dank, zufolge**	**gegen, ohne, für, mit, außer**

Lösung: 1. modal, 2. temporal, 3. lokal, 4. kausal

ÜBUNG 15

Welche Präposition sagt dir was? Kreuze an, ob du etwas über den **Ort**, die **Zeit**, den **Grund** oder die **Art & Weise** erfährst.

ORT lokal	ZEIT temporal	GRUND kausal	ART & WEISE modal	
☐	☐	☐	☐	**1.** Ich fand **mit** Mühe den Weg.
☐	☐	☐	☐	**2.** Er kam **vor** dem Regen nach Hause.
☐	☐	☐	☐	**3.** Ich fahre **nach** Hamburg.
☐	☐	☐	☐	**4.** **Wegen** des Sturms fiel die Radtour aus.

Präpositionen II

Präpositionen triffst du nie alleine an, sie tauchen immer zusammen mit einem weiteren Wort auf. Fast immer handelt es sich dabei um ein Nomen oder ein Pronomen. Präpositionen haben große Macht über dieses andere Wort, sie **bestimmen** nämlich dessen **Fall**.

Fall	Präpositionen	Beispiel
Akkusativ (wen/was?)	**durch, für, ohne, um, gegen**	***Sie spielten gegen die B-Mannschaft.***
Dativ (wem?)	**mit, seit, nach, außer, aus, von**	***Er spielte mit dem Ball.***
Genitiv (wessen?)	**trotz, während, innerhalb, wegen**	**Während *des Spiels war es ganz still.***

Lösung: 1. dem, 2. das, 3. den, 4. dem; Hanne ist **unter dem Tisch.**

ÜBUNG 16

Wo ist Hanne? Achte auf die Präpositionen und setze dementsprechend die Artikel **der/die/das** im richtigen Fall ein. Finde heraus, wo Hanne steckt.

Julia: „Hanne ist **hinter** 1 ______ Gebüsch."
Tina: „Julia lügt."
Freddy: „Hanne ist **durch** 2 ______ Fenster geklettert."
Julia: „Tom lügt."
Tom: „Hanne ist **in** 3 ______ Wald gelaufen."
Tina: „Julia ist **unter** 4 ______ Tisch."
Tom: „Freddy lügt."

Und wo ist nun Hanne? Hanne ist __________ ______ __________.

Präpositionen III

Einige Präpositionen können sowohl mit dem **Dativ** als auch mit dem **Akkusativ** stehen. Da sie je nach Bedeutung den Kasus wechseln, werden sie auch **Wechselpräpositionen** genannt. Besonders oft kommt das bei den **Ortsangaben** (lokale Präpositionen) vor.

Aber keine Angst - du kannst den richtigen Fall ganz einfach herausfinden. Beim **Dativ** handelt es sich in diesen Fällen um eine **Ortsangabe**, nach der du mit **wo** fragst. Beim **Akkusativ** handelt es sich um eine **Richtungsangabe**, nach der du mit **wohin** fragst. Vergleiche:

Die Katze hat sich unter dem Tisch versteckt.
(Ortsangabe = Dativ: Wo hat sich die Katze versteckt?)
Die Katze kriecht unter den Tisch.
(Richtungsangabe = Akkusativ: Wohin ist die Katze gekrochen?)

Weitere Wechselpräpositionen sind: **an, auf, hinter, in, neben, über, vor, zwischen**.

Lösung: 1. Ort – dem, 2. Richtung – den, 3. Richtung – das, 4. Ort – dem, 5. Richtung – die, 6. Ort – der

ÜBUNG 17

Dativ oder **Akkusativ**? Kreuze zunächst an, ob es sich bei den folgenden Sätzen mit Wechselpräpositionen um eine Orts- oder Richtungsangabe handelt.
Kreuze dann den richtigen Artikel an.

	DATIV (Ort, wo?)	AKKUSATIV (Richtung, wohin?)
1. Der Rabe sitzt auf ☐ **den** ☐ **dem** Ast.	☐	☐
2. Der Rabe fliegt auf ☐ **den** ☐ **dem** Ast.	☐	☐
3. Bello flüchtet hinter ☐ **dem** ☐ **das** Sofa.	☐	☐
4. Bello versteckt sich hinter ☐ **dem** ☐ **das** Sofa.	☐	☐
5. Ich hänge das Bild an ☐ **die** ☐ **der** Tür.	☐	☐
6. Das Bild hängt an ☐ **die** ☐ **der** Tür.	☐	☐

Konjunktionen I

Ein Satz kann aus vielen Teilen bestehen. Diese Einzelteile werden häufig durch kleine Wörter verbunden, die man **Konjunktionen** (Bindewörter) nennt.

Bekanntestes Beispiel ist das Wörtchen **und**. Mit seiner Hilfe kannst du verschiedene Wörter, Wortgruppen oder sogar ganze Sätze miteinander verbinden. Auch die Konjunktionen **aber** und **oder** sind dir bestimmt schon begegnet. Durch Konjunktionen werden Texte abwechslungsreicher und eleganter.

Max geht nach Hause. Max macht dann seine Hausaufgaben.
→ Max geht nach Hause und macht dann seine Hausaufgaben.

Ich fahre in die Stadt. Ich habe nicht wirklich Lust einzukaufen.
→ Ich fahre in die Stadt, aber (ich) habe nicht wirklich Lust einzukaufen.

Lösung: 1. oder, 2. und, 3. Aber, 4. Und, 5. oder, 6. und, 7. Aber

ÜBUNG 18

Lili liebt das Wörtchen **und**. Leider benutzt sie es viel zu häufig und auch an den falschen Stellen. Finde heraus, ob es **und**, **aber** oder **oder** heißen muss. Unterstreiche die richtige Konjunktion.

Liebes Tagebuch,

morgen ist Schuldisco. Was soll ich nur anziehen? Ein Kleid 1 ***und/aber/oder*** *doch lieber Jeans? Eigentlich finde ich Kleider doof 2* ***und/aber/oder*** *Jeans besser. 3* ***Und/Aber/Oder*** *wenn ich Jeans anziehe, sehe ich aus wie ein Junge. 4* ***Und/Aber/Oder*** *was soll ich zu den Jeans dazu anziehen? Ein T-Shirt? 5* ***und/aber/oder*** *eine Bluse? Ich hab's! Ich muss einkaufen gehen. Ich kaufe mir ein neues Top 6* ***und/aber/oder*** *die roten Schuhe. 7* ***Und/Aber/Oder*** *vorher muss Mama mir noch Geld geben ☺...*

Konjunktionen II

Bei den Konjunktionen muss man zwischen zwei Arten unterscheiden.

- Die **unterordnenden Konjunktionen** verbinden immer einen Hauptsatz mit einem untergeordneten Satz (Nebensatz).
- Die **nebenordnenden Konjunktionen** verbinden dagegen zwei gleichrangige Satzteile oder Sätze (z. B zwei Hauptsätze).

Konjunktionen können auch am Anfang eines Satzes stehen.

unterordnende Konjunktion	nebenordnende Konjunktion
dass, weil, wenn, obwohl, nachdem, während	**und, oder, weder – noch, aber, auch, denn**
Dana mag Tina, weil sie nicht eingebildet ist. Dass Dana ihre Freundin ist, findet Tina toll.	***Dana und Tina gehen einkaufen. Dana kauft ein T-Shirt und bezahlt an der Kasse.***

Lösung: In dem Text gibt es 3 unterordnende Konjunktionen: dass, Als, Da

ÜBUNG 19

Wie viele **unterordnende Konjunktionen** findest du in diesem Text – 1, 2, 3 oder 4? Unterstreiche sie. Löse dann das Sudoku, indem du die Zahl anstelle des ✹ einsetzt.

Martin hatte gehört, dass es in Transsilvanien Vampire gibt. Er fuhr hin und übernachtete in einem düsteren Schloss. Als es zwölf schlug, tauchte der Vampir auf. Da er schlau war, hatte Martin Knoblauch dabei. Der Vampir flog sofort weg.

	1	4	
1			
			4
	✹		

Lösung: ______ unterordnende Konjunktionen.

Wortarten & Satzglieder

Bisher hast du dir überlegt, was ein Wort beschreibt. Oder anders gesagt: zu welcher **Wortart** (Nomen, Verb, Adjektiv) es gehört.
Du kannst dir aber auch überlegen, welche **Aufgabe** oder **Funktion** es in einem Satz hat. Jeder Satz besteht aus einzelnen **Satzgliedern**, die eine bestimmte Funktion haben. Ein Satzglied kann ein einzelnes Wort sein oder aus verschiedenen Wörtern bestehen.
Lass dich nicht verunsichern! Bei Wortarten und Satzgliedern geht es um dieselben Wörter. Du betrachtest sie nur auf unterschiedliche Weise:

	Lena	***singt***	***ein***	***Lied.***
Wortart	Nomen	Verb	Artikel	Nomen
Satzglied	1. Satzglied	2. Satzglied	3. Satzglied	
Satzgliedfunktion	Satz**gegenstand**	Satz**aussage**	Satz**ergänzung**	

Lösung: 1. Satzglied: Lina, Satzgliedfunktion: Satzgegenstand, 2. Satzglied: hörte, Satzgliedfunktion: Satzaussage, 3. Satzglied: einen Schrei, Satzgliedfunktion: Satzergänzung

ÜBUNG 20

Schau dir den folgenden Satz an. Schreibe zuerst die einzelnen **Satzglieder** (nicht Wörter!) auf die Linien. Schreibe dann die **Satzgliedfunktion** unter das jeweilige Satzglied.

Lina hörte einen Schrei.

	1. Satzglied	**2. Satzglied**	**3. Satzglied**
	↓	↓	↓
	__________	__________	__________
Satzgliedfunktion:	__________	__________	__________

Satzglieder

Wie gesagt, ein Satzglied kann ein einzelnes Wort sein oder aus verschiedenen Wörtern bestehen. Die wichtigsten Satzglieder kennst du schon längst: Sie heißen **Subjekt** (Satzgegenstand), **Prädikat** (Satzaussage) und **Objekt** (Satzergänzung).

Das **Subjekt** ist ein Nomen. Es sagt dir, **wer** oder **was** etwas tut:

***Paul* füttert das Meerschweinchen.**

Das **Prädikat** ist ein Verb. Es verrät dir **was geschieht**:

Paul füttert das Meerschweinchen.

Das **Objekt** ist auch ein Nomen. Es erzählt dir, **auf wen** oder **was sich die Handlung bezieht**:

Paul füttert das Meerschweinchen.

Lösung: Der Löwe hebt die Pfote. Subjekt: Der Löwe, Prädikat: hebt, Objekt: die Pfote

ÜBUNG 21

In diesem Wortgitter ist ein Satz aus fünf Wörtern versteckt. Schreibe ihn auf. Achtung: die Wörter stehen senkrecht, waagerecht und diagonal!
Der Satz enthält ein **Subjekt**, ein **Prädikat** und ein **Objekt**. Kannst du sie alle finden?

Satz: ______________________________

______________________________.

Subjekt: ______________________________
Prädikat: ______________________________
Objekt: ______________________________

D	E	W	E	E
I	E	W	L	T
E	Ö	R	H	O
L	U	A	M	F
H	E	B	T	P

Satzglieder – Proben

Um herauszufinden, **welche** Wörter ein Satzglied bilden, gibt es zwei Möglichkeiten. Du kannst die **Umstellprobe** machen: Dabei bilden alle Wörter, die sich **nur zusammen umstellen** lassen, ein Satzglied.

Der Clown	***schenkt***	***dem Kind***	***einen Luftballon.***
Einen Luftballon	***schenkt***	***der Clown***	***dem Kind.***
1. Satzglied	**2. Satzglied**	**3. Satzglied**	**4. Satzglied**

Oder du nutzt die **Ersatzprobe**: Alle Wörter, die du **gemeinsam** durch einen anderen Ausdruck **ersetzen** kannst, bilden ein Satzglied.

Die Tänzerin	***steht***	***auf dem Seil.***
Sie	***steht***	***dort.***
1. Satzglied	**2. Satzglied**	**3. Satzglied**

Lösung: 1. Schnell lief ein kleines Zebra durch die Steppe Afrikas. 2. Durch die Steppe Afrikas lief schnell ein kleines Zebra.

ÜBUNG 22

Mach die **Umstellprobe**!
Du kannst diesen Satz auf zwei weitere Weisen schreiben, wenn du die Satzglieder richtig umstellst. Wie heißen die anderen beiden Sätze?

	Ein	kleines	Zebra	lief	schnell	durch	die	Steppe	Afrikas.
1.	______	______	______	______	______	______	______	______	______.
2.	______	______	______	______	______	______	______	______	______.

Adverbiale Bestimmungen I

Adverbiale Bestimmungen sind Satzglieder. Du kannst sie dir wie Detektive vorstellen. Mit der Lupe in der Hand laufen sie umher und stellen viele neugierige Fragen:

Wann? Wo? Warum? Wie?

Ihre Aufgabe ist es nämlich zu beschreiben, **unter welchen Umständen** etwas geschieht.

Es gibt adverbiale Bestimmungen

- der **Zeit**: ***Seit drei Stunden* repariert Nico sein Fahrrad.**
- des **Ortes**: ***In der Garage* repariert Nico sein Fahrrad.**
- des **Grundes**: ***Wegen der Radtour morgen* repariert Nico sein Fahrrad.**
- der **Art & Weise**: ***Völlig genervt* repariert Nico sein Fahrrad.**

Lösung: Zeit: am Morgen, nur abends; Ort: im ausverkauften Stadion, unter der Dusche, im Auto; Grund: um Geld zu verdienen, wegen der vielen Fans; Art & Weise: schräg, total lustlos, furchtbar schlecht

ÜBUNG 23

Dieser Popstar ist kaum zu bremsen! Untersteiche alle **adverbialen Bestimmungen** der **Zeit**: blau, des **Ortes**: rot, des **Grundes**: grün und der **Art & Weise**: gelb.

um Geld zu verdienen

im ausverkauften Stadion

nur abends

total lustlos

am Morgen

Der Popstar singt

im Auto

wegen der vielen Fans

schräg

unter der Dusche

furchtbar schlecht

Adverbiale Bestimmungen II

Adverbiale Bestimmungen werden auch **Adverbialien** oder **Adverbiale** genannt. Auf der vorherigen Seite hast du schon gelernt, dass sie nach dem **Grund**, der **Zeit**, dem **Ort** und den **Umständen** eines Geschehens forschen. Lerne hier nun noch die lateinischen Begriffe für diese Adverbialien kennen – sie können dir häufig anstelle der deutschen Bezeichnungen begegnen.

- Adverbiale Bestimmungen der **Zeit** = **temporale Adverbialien:**
  wann? → ***heute, morgen, am Freitag, nach dem Essen, niemals***
- Adverbiale Bestimmungen des **Ortes** = **lokale Adverbialien:**
  wo? → ***hier, dort, in Afrika, hinter dem Zelt des Häuptlings***
- Adverbiale Bestimmungen des **Grundes** = **kausale Adverbialien:**
  warum? → ***vor Freude, wegen des guten Wetters, aus Liebe***
- Adverbiale Bestimmungen der **Art & Weise** = **modale Adverbialien:**
  wie? → ***schnell, laut, mit quietschenden Reifen, klammheimlich***

Lösung: 1. Wo = O, 2. Wann = Z, 3. Warum = G, 4. Wie = A

ÜBUNG 24

Mit welchem Wort kannst du die **adverbiale Bestimmung** erfragen? Setze es in die Lücke ein. Kreuze dann an, um welche Art der adverbialen Bestimmung es sich handelt (Z = Zeit, O = Ort, G = Grund, A = Art & Weise.

	Z	O	G	A
1. Elefanten leben heute in Asien und Afrika. _____ leben die Elefanten heute?	☐	☐	☐	☐
2. Früher gab es viel mehr Elefanten. _____ gab es viel mehr Elefanten?	☐	☐	☐	☐
3. Wegen ihrer Stoßzähne wurden sie jahrelang gejagt. _____ wurden sie jahrelang gejagt?	☐	☐	☐	☐
4. Arbeitselefanten tragen geduldig kiloschwere Lasten. _____ tragen manche Arbeitselefanten kiloschwere Lasten?	☐	☐	☐	☐

Adverbiale Bestimmungen III

Aufgepasst: Adverbiale Bestimmungen sind Meister der Tarnung!
Einige bestehen nur aus **einem Wort**, andere aus **mehreren Wörtern**, manche sogar aus einem **ganzen Satz**.
Egal, um wie viele Wörter es sich handelt, du kannst die Adverbialen immer mit **wann? wo? warum?** und **wie?** erfragen.

***Jede Nacht* legte sich Häuptling auf die Lauer.**
Wann legte sich der Häuptling auf die Lauer? → Jede Nacht.
Der Häuptling lachte laut.
Wie lachte der Häuptling? → laut.
Der Häuptling lag im neuen Zelt.
Wo lag der Häuptling? → im neuen Zelt.
Weil der Löwe brüllte, schreckte der Häuptling auf.
Warum schreckte der Häuptling auf? → weil der Löwe brüllte.

Lösung: 1D, 2C, 3B, 4A

ÜBUNG 25

Hier ist einiges verrutscht. Verbinde die **adverbialen Bestimmungen** mit den richtigen Satzteilen.

1. Wegen ihrer Haut	**A** erfanden die Chinesen den Zoo. (temporal)
2. In der Steppe	**B** geht der Löwe auf die Jagd. (modal)
3. Mit seinem Rudel	**C** leben viele Zebras. (lokal)
4. Vor 4000 Jahren	**D** werden Krokodile gejagt. (kausal)

Attribute I

Du kennst bereits die Satzglieder. Einen Bestandteil eines Satzgliedes kann das **Attribut** bilden. Seine Funktion besteht darin, ein Nomen oder Pronomen näher zu bestimmen. Es gibt Antwort auf die Fragen **welche/r/s?** oder **was für ein?** Dabei steht es immer **vor** oder/und **nach** seinem **Bezugswort**. Achtung! Das Attribut ist kein selbstständiges Satzglied, sondern lediglich ein **Satzgliedteil**. Daher kannst du es auch bei der Umstellprobe nicht von seinem Bezugswort trennen.

Attribut = Satzgliedbestandteil

Kroatien	***ist***	***ein wunderschönes Land.***
1. Satzglied	2. Satzglied	3. Satzglied

Lösung: 1E, 2D, 3B, 4C, 5A

ÜBUNG 26

Welches Attribut passt zu welchem Bild?

1. das ___ Verkehrsmittel

2. ein ___ Freund

3. ein ___ Sport

4. ein ___ Pausensnack

5. die ___ Abkühlung

A schönste

B schneller

C gesundes

D treuer

E sicherste

Attribute II

Es gibt unterschiedliche Arten von Attributen. Schau dir hier einige Beispiele an:

- **Adjektivattribut:** ***Der Hund hat den großen Knochen im Garten vergraben.***
- **Genitivattribut:** ***Im Garten des Hauses liegt der Knochen vergraben.***
- **Präpositionalattribut:** ***Der Hund mit dem Schlabbermaul hat den Knochen vergraben.***
- **Adverbattribut:** ***Der Hund drüben vergräbt einen Knochen.***

Lösung: 1D – GA, 2A – ADJA, 3B – PA, 4C – ADVA

ÜBUNG 27

Bei diesen Sätzen sind die Attribute herausgefallen. Kannst du sie wieder an den richtigen Stellen einsetzen. Kreuze bei jedem Satz an, um welche Art von Attribut es sich handelt.
(ADJA = Adjektivattribut; GA = Genitivattribut; PA = Präpositionalattribut; ADVA = Adverbattribut)

	ADJA	GA	PA	ADVA
1. Der Mund ____ heißt Maul.	☐	☐	☐	☐
2. Das ____ Fohlen kann stehen.	☐	☐	☐	☐
3. Das Auto ____ fährt zu dicht auf.	☐	☐	☐	☐
4. Die Kinder ____ sind völlig aufgedreht.	☐	☐	☐	☐

A winzige **B** hinter uns **C** draußen **D** eines Tieres

Attribut oder adverbiale Bestimmung?

Du kennst nun **Attribute** und **adverbiale Bestimmungen**. Beide beschreiben Dinge näher, aber manchmal ist es nicht ganz einfach sie zu unterscheiden, weil sie die gleiche Form haben können.
Mithilfe von Fragen kannst du **Attribute** und **adverbiale Bestimmungen** voneinander unterscheiden.

Nach **Attributen** kannst du mit **welcher?**, **welche?**, **welches?** oder **was für ein/e?** fragen.

Die Kirschen in Nachbars Garten sind am leckersten.
Welche Kirschen sind am leckersten? → Die in Nachbars Garten. = Attribut

Nach **adverbialen Bestimmungen** kannst du mit **wann?**, **wie?**, **wo?** oder **warum?** fragen.

Die Kirschen hängen in Nachbars Garten.

Lösung: 1 = adverbiale Bestimmung, 2 = adverbiale Bestimmung, 3. Attribut, 4. Attribut

ÜBUNG 28

Was liegt hier vor: **Attribut** oder **adverbiale Bestimmung**? Kreuze an.

	Attribut	Adverbiale Bestimmung
1. **Nächsten Sommer** möchten wir ans Meer fahren.	☐	☐
2. Sie betrat **ziemlich nervös** die Bühne.	☐	☐
3. Der Kleiderschrank **meiner Schwester** ist rappelvoll.	☐	☐
4. Dieser **riesige** Kerl ist ziemlich schüchtern.	☐	☐

Das Komma bei Aufzählungen

Ein Satz besteht aus vielen einzelnen Teilen. Damit du den Überblick behältst, gibt es eine schlaue Erfindung: das **Komma**. Dieser kleine Strich ist ein Trennzeichen. Er sagt dir, wo ein Teil endet und der nächste Teil beginnt. Das ist besonders bei **Aufzählungen** wichtig. Die einzelnen Teile einer Aufzählung werden immer durch Komma getrennt:

Sie kauft Äpfel, Bananen, Mandarinen ...

Nur wenn die Teile der Aufzählung mit **und**, **oder** oder **sowie** verbunden sind, brauchst du kein Komma.

Lösung: Hier werden Kommas gesetzt: schwimmen, reiten, Rad fahren ... Fußball, Brennball ... Nudeln, Tomatensauce, Limonade

ÜBUNG 29

Hier hat im Bericht über den Schulausflug wohl jemand alle Kommas vergessen. Nach welchem Wort kommt ein Komma?

Der Ausflug war toll. Wir waren schwimmen reiten Rad fahren und Eis essen. Wir haben verschiedene Spiele gespielt: Fußball Brennball und Verstecken. Abends gab es Nudeln Tomatensauce Limonade sowie Nachtisch.

Das Komma bei der wörtlichen Rede

Wenn du aufschreibst, was jemand sagt, dann benutzt du Anführungszeichen. Redebegleitsätze erklären, wer etwas sagt. Sie werden entweder mit Doppelpunkt oder Komma abgetrennt:

- vorangestellte Redebegleitsätze mit Doppelpunkt

Harry sagt: „Heute gibt es Kürbispudding."

- nachgestellte Redebegleitsätze mit Komma

„Gibt es heute Kürbispudding?", fragt Harry.

- eingeschobene Redebegleitsätze mit Komma vorne und hinten

„Heute", sagt Harry, „gibt es Kürbispudding."

Lösung: „Das ist die ... meiner Frau."
„Das," sagt Stefan, „ist der ... meiner Frau."
Person 1 = Stefans Mutter, Person 2 = Stefans Sohn

ÜBUNG 30

Setze die fehlenden Satzzeichen ein. Du benötigst Anführungszeichen, Kommas und Punkte. Löse dann das Rätsel – wer sind die beiden Personen?

Max und Stefan treffen sich auf einer Party. Stefan stellt eine Person (1) vor: □Das ist die Frau des Schwiegervaters meiner Frau.□ Eine weitere Person (2) kommt hinzu. □Das□ □ sagt Stefan□ □ ist der Enkel des Schwiegervaters meiner Frau□ □

1. Person: ____________

2. Person: ____________

Das Komma bei der Anrede

Damit jemand, dem du einen Brief oder eine Email schreibst, weiß, dass du ihn oder sie meinst, benutzt du die Anrede.

Die **schriftliche direkte Anrede** wird durch ein **Komma abgetrennt**. Dies gilt sowohl wenn du jemanden duzt als auch wenn du jemanden siezt:

Liebe Oma, hier ist es toll. Sehr geehrter Herr Müller, ich schreibe Ihnen wegen des Unfalls.

Wenn die Anrede eingeschoben ist, wird sie mit einem Komma davor und danach abgetrennt:

Das, liebe Lena, glaube ich dir nicht.

Lösung: 2, 3, 5

ÜBUNG 31

In welchen Sätzen steht das Komma an der richtigen Stelle?

RICHTIG	FALSCH	
☐	☐	**1.** Gestern lieber Peter war, ich krank.
☐	☐	**2.** Hallo Ronja, wie geht es dir?
☐	☐	**3.** Für die Bibliothek, verehrte Gäste, bitten wir um Spenden.
☐	☐	**4.** Sehr geehrter, Herr Direktor, ich verpasse den Sporttag leider.
☐	☐	**5.** Über Geheimnise spreche ich nicht, liebe Maja.

Satzarten

Sätze kommen auf drei verschiedene Arten vor.

- Am häufigsten ist der **Aussagesatz**, mit dem du etwas darstellst oder beschreibst. Das finite Verb steht an zweiter Stelle und der Satz endet mit einem **Punkt**.
- Willst du etwas wissen, so verwendest du einen **Fragesatz**. Das Verb steht an erster oder zweiter Stelle und du benutzt ein **Fragezeichen**.
- Wenn du einen Befehl oder einen Vorschlag ausdrückst, dann ist das ein **Aufforderungssatz**. Er kann mit Punkt oder **Ausrufezeichen** enden. Das Verb steht an der ersten Stelle und kommt in der Befehlsform vor.

Lösung: 1. (.) Aussagesatz, 2. (!) oder (.) Aufforderungssatz, 3. (?) Fragesatz, 4. (.) Aussagesatz, 5. (?) Fragesatz

ÜBUNG 32

Hier fehlen die Satzzeichen. Ergänze sie und überlege dir, um welche Satzart es sich handelt.

1. Bill spielt Gitarre _
Satzart: ____________________

2. Bring mir etwas aus dem Urlaub mit _
Satzart: ____________________

3. Spielst du ein Instrument _
Satzart: ____________________

4. Hannah wohnt in Amerika _
Satzart: ____________________

5. Wie geht es deinem Kater _
Satzart: ____________________

Satzreihen und Satzgefüge I

Es gibt **Hauptsätze** und **Nebensätze**. Hauptsätze können immer auch alleine vorkommen. Die finite Verbform steht an zweiter Stelle im Satz. Wenn **mehrere Hauptsätze aneinandergereiht** werden, heißt das **Satzreihe**. Die Sätze werden dann durch ein **Komma** getrennt.

Alex geht auf den Spielplatz, sie ist gerne dort.

Ausnahme: Wenn Hauptsätze mit **und** verbunden sind, kann ein Komma gesetzt werden - aber es muss nicht.

Alex geht auf den Spielplatz (,) und sie ist gerne dort.

Lösung: 4

ÜBUNG 33

Wie viele Satzreihen gibt es in diesem Text?

Heute ist es sehr kalt, es schneit. Selma zieht sich warm an. Ihre Mutter hat ihr einen Mantel und neue Handschuhe gekauft. Selma läuft durch den Schnee, sie will Schlitten fahren. Ihre Freundin Jessy kommt auch mit. Sie fahren superschnell den Berg hinunter und plötzlich spielt der Schlitten verrückt. Jessy fällt in den Schnee und beide Freundinnen lachen laut.

Lösung: Es gibt ___ Satzreihen.

Satzreihen und Satzgefüge II

Anders als Hauptsätze stehen **Nebensätze** nie alleine. Bei ihnen steht das finite Verb an letzter Stelle.

Wird ein **Nebensatz mit einem Hauptsatz verbunden,** entsteht ein **Satzgefüge.** Haupt- und Nebensatz werden durch ein **Komma** getrennt.

Tim geht ins Bett, weil er müde ist.

Wenn ein Teilsatz kein Subjekt enthält und durch **und** oder **oder** angeschlossen ist, steht kein Komma.

Ich fahre nach Hause und spiele dort Klavier.

Lösung: 1, 2, 4, 5

ÜBUNG 34

In welchem dieser Sätze fehlt ein Komma? Setze es ein.

- ☐ **1.** Alex macht einen Salto ____ denn sie ist sehr sportlich.
- ☐ **2.** Ich höre gerne HipHop ____ aber mein Bruder mag Rockmusik.
- ☐ **3.** Wir zelten in Italien ____ und essen jeden Tag Spaghetti.
- ☐ **4.** Ich bin pleite ____ obwohl ich Taschengeld bekomme.
- ☐ **5.** Benjamin glaubt nicht ____ dass es heute regnen wird.
- ☐ **6.** Er duscht ____ und putzt sich die Zähne.

x, gs, ks, chs oder cks?

Richtig zu schreiben, ist nicht immer so leicht. Manchmal hört sich ein Laut in vielen Wörtern gleich an, wird aber unterschiedlich geschrieben. So ist das auch beim **x-Laut**.

Hexe, neuerdings, Keks, Lachs, Klecks

Ein paar Tricks helfen dir, richtig zu schreiben. Sehr selten kommen **x** und **chs** vor.

X benutzt du oft in Fremdwörtern:

Xylophon, Experiment, Explosion, Praxis

Deutsche Tiernamen, in denen du **x** hörst, schreibst du immer mit **chs**:

Dachs, Fuchs, Luchs, Lachs

Lösung: 4, der **Fuchs** wird mit **chs** geschrieben, alle anderen Wörter mit **x**.

x oder **chs** – welches der Bilder passt nicht in die Reihe?

1

2

3

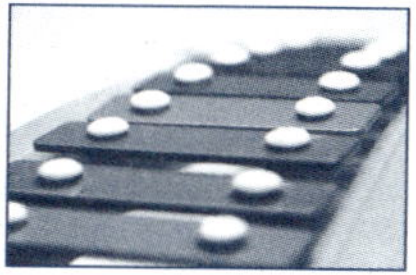

4

Lösung: Bild Nummer ____ passt nicht in die Reihe, weil es als einziges mit ____ geschrieben wird.

gs, ks & cks

Für die Schreibweisen **gs**, **ks** und **cks** hilft dir die Ableitung von ähnlichen Wörtern:

ganztags – Tag, aufmerksam – merken, Glücksbringer – Glück

Außerdem benutzt du **gs**, **ks** und **cks** oft in der **2.** Person Singular von Verben. Wichtig ist, wie der Stamm dieser Verben endet:

- endet er mit **g**, wird daraus **gs**: ***fliegen – du fliegst***
- endet er mit **k**, wird daraus **ks**: ***tunken – du tunkst***
- endet er mit **ck**, wird daraus **cks**: ***stricken – du strickst***

Lösung: wirken – wirkst, kicken – kickst, Glücksschwein – Glück, tagsüber – Tag, merken – merkst

ÜBUNG 36

Was gehört zusammen? Finde die zusammengehörigen Paare aus Schlange 1 und 2.

Paare:

__________ und __________ __________ und __________

__________ und __________

__________ und __________ __________ und __________

Der f-Laut I

Ein weiterer Laut, den du auf unterschiedliche Art und Weise schreiben kannst ist der **f-Laut**. Hierfür gibt es vier Möglichkeiten: **f**, **v**, **ph** und **pf**.

Am häufigsten schreibst du **f**.

***f**ahren, hel**f**en, **F**lasche, Ha**f**en*

Den Buchstaben **v** nimmst du immer, wenn **ver-**, **vor-**, **viel-** oder **voll-** am Wortanfang steht.

***v**erlieben, **V**orgabe, **v**ielfältig, **V**olltreffer*

Achtung: In Fremdwörtern wird das **v** oft wie ein **w** ausgesprochen.

***V**ase, **V**ideo, **V**u**v**uzela*

Lösung: 1. F, 2. V, 3. v, 4. v, 5. F, 6. v, 7. f, 8. f, 9. f, 10. f, 11. f

ÜBUNG 37

Bei Sarahs Computer sind die Tasten für **f** und **v** kaputt.
Kannst du ihre E-Mail ergänzen?

Hallo meine 1 ___ reundin!

Mein 2. ___ ogel 3 ner___t ganz schön. Er 4 ___erliert überall seine 5 ___ edern, alles ist 6 ___oll damit! Morgen 7 ___ahren wir zum Tierarzt, um 8 Hil___e zu bekommen. Ich denke, es 9 ___ehlt ihm nichts Schlimmes. Ich 10 ___reue mich 11 au___ dich.

Deine Sarah

Der f-Laut II

Schau dir nun noch **pf** und **ph** an. Bei deutlicher Aussprache kannst du **pf** gut erkennen.

Pferd, Pflaume, Apfel, hüpfen

Vor allem in Fremdwörtern kommt **ph** vor.

Pharao, Philosophie

Manche Wörter kannst du mit **ph** oder **f** schreiben. Dazu zählen auch die aus dem Griechischen stammenden Wörter mit den Silben **-fot/phot**, **-fon/phon** oder **graf/graph**.

Photosynthese – Fotosynthese, Xylophon – Xylofon, Geographie – Geografie

Lösung: Waagerecht: 1. PFAD 2. PFANNE 3. PFLAUME 4. HUEPFEN 5. ANPFIFF 6. SAXOPHON Lösungswort: DELFIN

ÜBUNG 38

Finde die Wörter mit f-Laut. Wie heißt das Lösungswort? Es ergibt sich aus den hinterlegten Kästchen.

1. ein schmaler Weg	☐☐☐■
2. darin brät man ein Spiegelei	☐☐☐☐☐■
3. violettes Obst mit Kern	☐☐■☐☐☐☐
4. das kann ein Känguru besonders hoch	☐☐☐■☐☐
5. das hört man zu Beginn eines Fußballspiels	☐☐☐☐■☐☐
6. Lisa Simpsons Instrument	☐☐☐☐☐☐☐■

end- & ent-

Die Vorsilbe **end-** kommt vom Wort **enden**. Wenn ein Wort also mit dem Ende von etwas zu tun hat, dann schreibst du **end-** mit **d**.

***End*haltestelle = die letzte Haltestelle, *End*spiel = das letzte Spiel, *end*los = ohne Ende**

In allen anderen Fällen benutzt du die Vorsilbe **ent-** mit **t**. Häufig steht dies in Zusammenhang mit der Bedeutung **weg**.

sich entfernen = weggehen, entwenden = wegnehmen

Beide Vorsilben werden übrigens als Teile von Nomen und am Satzanfang groß geschrieben.

Lösung: entdecken, entsorgen, Entrüstung, entnehmen, entschlossen, Endstation, endlich, endgültig

ÜBUNG 39

Hier ist was durcheinandergeraten. Verbinde die richtigen Wortteile miteinander. Jede Vorsilbe passt zu genau einem Wortrest.

ent	decken
ent	gültig
Ent	rüstung
ent	lich
ent	schlossen
End	station
end	nehmen
end	sorgen

seid & seit

Die Wörter **seid** und **seit** hören sich zwar auch ähnlich an, sind aber leicht zu unterscheiden.

Seid ist die **2.** Person Plural des Verbs **sein:** ***ihr seid***, daher kommt es oft in Verbindung mit dem Pronomen **ihr** in einem Satz vor: ***Ihr seid aber hübsch heute!***

Seit bezieht sich immer auf einen Zeitpunkt. Kannst du also nach der Zeit fragen (wann?), schreibst du **seit**: ***Seit gestern geht es Timo besser. Seit du da bist, ist der Hund ruhig.***

Lösung: 1. falsch, 2.falsch, 3. richtig, 4. richtig, 5. falsch, 6. richtig

ÜBUNG 40

Seid oder **seit**? Kreuze an.

RICHTIG	FALSCH	
☐	☐	**1.** Seit ihr alle da?
☐	☐	**2.** Seid heute Morgen fühle ich mich krank.
☐	☐	**3.** Seit 700 Jahren hat die Hexe nicht geduscht.
☐	☐	**4.** Seid ihr schon satt?
☐	☐	**5.** Gehst du schon in die Schule seid du 5 bist?
☐	☐	**6.** Ich habe seit drei Wochen nicht mehr Computer gespielt.

wider & wieder

Die Vorsilben **wider-** und **wieder-** haben unterschiedliche Bedeutungen. Auch sie werden als Teile von Substantiven und am Satzanfang groß geschrieben.

Wider heißt dass etwas das **Gegenteil** von etwas ist, oder dass etwas einer Sache entgegensteht:

widerwillig = gegen den Willen, *widersprechen* = entgegnen

Wieder bedeutet, dass etwas **noch einmal** geschieht:

Wiedersehen = ein weiteres Treffen, *wiederholen* = noch einmal tun

Lösung: 1. Wieder, 2. wider, 3. wieder, 4. Wieder, 5. wider

Wider oder wieder? Was gehört in die Lücke?

1. Auf _____ sehen!
2. Schleimige Monster finde ich _________lich.
3. Ich muss dir dein Rad endlich __________geben.
4. Der Krimi läuft auch schon in der dritten __________holung.
5. Er_________e doch mal etwas Nettes, wenn ich dir einen guten Morgen wünsche.

Substantivierte Verben

Wie du weißt, werden Verben klein geschrieben und Nomen groß. Allerdings können sich Verben in Nomen umwandeln, sie heißen dann **substantivierte Verben**. Logisch, dass sie dann großgeschrieben werden, oder?

Das Lesen macht mir Spaß.

Du erkennst substantivierte Verben an ihren Begleitern:

- **Artikel:** ***das Lachen***
- **vorangestellte Adjektive:** ***leises Singen, lautes Rufen***
- **vorangestellte Pronomen:** ***sein Weinen, ihr Jubeln***
- **vorangestellte Präpositionen:** ***mit Schreien, ohne Heulen***

Lösung: 1. das **A**usgeben, 2. lautes **H**ören, 3. das **R**eiten, 4. ihr **S**ingen und **T**anzen

ÜBUNG 42

Jasmin weiß wohl nicht, dass man **substantivierte Verben** großschreibt. Wo sind die Fehler? Unterstreiche sie!

Mein Tagebuch

Mama hat mir das ausgeben von Taschengeld verboten, das finde ich so gemein. Sie ist auch gegen lautes hören von Musik. Zum Glück erlaubt sie mir das reiten noch. Meine Freundin hat es viel besser. Bei ihr beschwert sich niemand über ihr singen und tanzen.

Substantivierte Adjektive I

Alle wollen ein Nomen sein! Auch **Adjektive** können zu Nomen werden. Anders als normale Adjektive haben **substantivierte Adjektive** kein Bezugswort. Sie bezeichnen Personen oder Dinge, die man nicht anfassen kann.

Deshalb schreibt man Adjektive nach **unbestimmten Zahlwörtern** (**etwas, wenig, viel, alles, allerlei, nichts, manches**) immer groß.

Die Endung **-es** hilft dir beim Erkennen.

viel Neues, nichts Überraschendes, etwas Aufregendes, wenig Gutes.

Lösung 1. viel, 2.nichts, 3. etwas, 4.alles, 5. wenig

ÜBUNG 43

Welche unbestimmten Zahlwörter sind hier durcheinander geraten?

1. ILEV
2. TISCHN
3. TWESA
4. LESLA
5. GEWIN

1. ______ 2. ______ 3. ________

4. ________ 5. ______

Substantivierte Adjektive II

Auch substantivierte Adjektive sind lieber mit **Begleitern** unterwegs. Das sind die gleichen wie bei den substantivierten Verben.

Artikel: ***die Große, der Kleine***
vorangestellte Adjektive: ***der struppige Kleine, die wilde Blonde***
vorangestellte Pronomen: ***mein Glücklicher, dein Jüngster***
vorangestellte Präpositionen: ***mit den Reichen, ohne die Alten***

Achtung: Wenn sich Adjektive auf Nomen beziehen, die woanders im Satz stehen, werden sie **klein** geschrieben! Du musst dir das Nomen dann denken.

Ahmed hat viele kleine Hasen und der kleinste (du denkst dir: ***Hase***) ***frisst am wenigsten.***

Lösung: 3

ÜBUNG 44

Wie viele **substantivierte Adjektive** findest du im Text?
Löse das Sudoku, indem du die Zahl statt des ✹ einsetzt.

Auf dem Ball traf der Prinz unter den Reichen eine Arme.
Sie war die Schönste. Ihr Name war Cinderella.

Im Text sind _____ substantivierte Adjektive.

2			1
	4	✹	
	2	1	
✹			4

Substantivierte Partizipien

Verben kennen mehr Verwandlungstricks als alle anderen!

Als **Partizip I** beschreiben sie einen Zustand oder eine andauernde Handlung: ***laufend, reisend.***

Als **Partizip II** beziehen sie sich auf etwas, das bereits stattgefunden hat: ***gelaufen, gesucht***.

Kannst du einen Artikel vor ein Partizip stellen, dann wird es zum Nomen, und du schreibst es **groß**. Es nennt sich dann **substantiviertes Partizip**.

> ***Die Reisenden schlafen. Ich bin auf dem Laufenden.***
> ***Das Gesuchte wurde gefunden.***

Lösung: 1. die Sportler, 2. der Mann, 3. die Fliege, 4. der Jäger

ÜBUNG 45

In jeder Reihe hat sich jeweils ein Wort versteckt, das kein **substantiviertes Partizip** ist. Finde es und streiche es durch.

1. die Verliebten / die Bekannten /die Schlafenden / die Sportler
2. der Gesuchte / der Wartende / der Mann / der Gehende
3. die Fliege / die Liegende / die Stehende / die Hüpfende
4. der Gejagte /der Jäger / der Versteckte /der Arbeitende

DS-Taschentrainer

Den coolen Wissens-Check von PONS gibt es auch für die Fächer Englisch und Mathematik!

PONS DS Taschentrainer
Englisch 6. Klasse

Format: 16 x 10 cm, 96 Seiten
Broschur
ISBN 978-3-12-561765-0

PONS DS Taschentrainer
Mathe 6. Klasse

Format: 16 x 10 cm, 96 Seiten
Broschur
ISBN 978-3-12-561767-4

PONS

www.pons.de

BILDNACHWEIS

Cover: Zeichnung Junge: istockphoto/Christopher Joseph G. Suico; Titelhintergrund: fotolia/Anni und Sascha; Icon deutsche Fahne: fotolia/Shockfactor; **Buchrücken:** Button: fotolia/pixeldichte; **Innenteil:** Icon Ausrufezeichen (z. B. S.6, links oben) & Icon Checkliste (z. B. S.7, links oben): fotolia/Shockfactor; **Seite 8:** fotolia.de/Patrizia Tilly; **Seite 11:** fotolia.de/Elnur; **Seite 21:** istockphoto.com/Zbigniew Majerczyk; **Seite 25:** fotolia.de/michanolimit; **Seite 27:** fotolia.de/Stephi; **Seite 29:** fotolia.de/Robert Kneschke; **Seite 33:** fotolia.de/pdesign; **Seite 41:** EKS GmbH, Stuttgart; **Seite 59:** 1. istockphoto.com/Rob Bouwman; 2. istockphoto.com/Paul-André Belle-Isle; 3. istockphoto.com/robert lerich; 4. istockphoto.com/angelo gilardelli; 5. istockphoto.com/christine balderas; **Seite 63:** istockphoto.com/Catherine Yeulet; **Seite 71:** Palmer-Lorenz Illustrationen; **Seite 75:** 1. fotolia.de/sashpictures; 2. fotolia.de/ZTS; 3. fotolia.de/Michael Kempf; 4. fotolia.de/Eric Isselée